45

aire (l') chaumontel

L'AFFAIRE CHAUMONTEL

COMÉDIE-VAUDEVILLE EN UN ACTE,

PAR

MM. L. COUAILHAC ET L. DUGARD,

REPRÉSENTÉE POUR LA PREMIÈRE FOIS, A PARIS, SUR LE THÉÂTRE
DU VAUDEVILLE, LE 14 OCTOBRE 1848.

DISTRIBUTION DE LA PIÈCE.

ADOLPHE DE CERNAY....................	MM. LUGUET.
FERDINAND DE GRIGNOL................	PLUNKETT.
ATTILA CORBINEAU.....................	LECOURT.
CAROLINE, femme d'Adolphe............	Mlles OCTAVE.
AMÉLIE D'EMBRUN, jeune veuve........	RENAUD.
LUCIENNE, femme de chambre de Caroline.......	JEANNE.

La scène se passe à Paris, chez Adolphe de Cernay.

1848

L'AFFAIRE CHAUMONTEL.

Un salon élégant. — Porte d'entrée au fond. — Portes latérales.— Un divan à gauche. — Une chaise à droite.

SCÈNE I.

ADOLPHE, CAROLINE.

CAROLINE, *suivant Adolphe qui sort de la chambre à gauche, son chapeau sur la tête, et mettant ses gants.**

Quoi, Adolphe, tu sors encore aujourd'hui et de si bonne heure?...

ADOLPHE.

Il le faut bien, chère amie... nous avons réunion ce matin...

CAROLINE.

Toujours pour cette affaire?

ADOLPHE.

Sans doute... est-ce que je ne te l'avais pas dit?

CAROLINE.

Non...

ADOLPHE.

Ah!... c'est singulier... encore un peu de patience, ma chère Caroline... nous aurons probablement aujourd'hui l'autorisation du ministre, et une fois cette magnifique entreprise complètement lancée...

CAROLINE.

Dieu veuille que ce soit bientôt... car tu me laisses toujours... (*Calinant.*) Reste donc avec moi aujourd'hui, Adolphe!...

ADOLPHE, *à part.*

Ah! mon Dieu!...

CAROLINE.

Hein! veux-tu?... nous irons dîner en tête-à-tête à la campagne.

ADOLPHE, *à part.*

Et les autres qui m'attendent au Café Anglais pour déjeuner... (*Haut.*) Impossible, ma chère amie, ma présence est indispensable pour la conclusion.

*Caroline, Adolphe.

CAROLINE, *soupirant.*

Allons... (*Elle va s'asseoir sur le divan.*)

ADOLPHE, *à part.*

Elle me fait de la peine, ma parole d'honneur... (*Haut. Il va rejoindre Caroline et se tient derrière le divan.*) C'est bien la dernière affaire que j'entreprends, va... c'est si long, ces affaires... ça n'en finit jamais...

CAROLINE, *d'un ton de reproche.*

Toujours seule...

ADOLPHE, *regardant au fond.*

Tiens... justement, voici notre ami Ferdinand.

CAROLINE.

M. de Grignol! (*Ferdinand paraît.*)

SCÈNE II.

LES MÊMES, FERDINAND.*

ADOLPHE.

Il est aimable, gai, spirituel...

CAROLINE, *à mi-voix.*

Pas autant que toi...

FERDINAND, *s'approchant en riant.*

Ah! mon cher Adolphe, vous me comblez...

ADOLPHE.

Non, non... (*A sa femme.*) Il voudra bien te tenir compagnie...

FERDINAND.

Si Madame daigne me le permettre, je serai trop flatté...

ADOLPHE.

Et moi... je cours à ma réunion... (*A Caroline.*)

AIR : *du Caissier.*

Avec ce bon ami, ma chère,
Je te laisse, car il est tard ;
Et tu dois savoir qu'en affaire
Il ne faut pas être en retard.

FERDINAND, *à part.*

Tous ces maris sont adorables...

CAROLINE.

A bientôt... je compte sur toi...

ADOLPHE, *à part.*

C'est que les gaillards sont capables
De manger les huîtres sans moi.

* Caroline, Adolphe, Ferdinand.

ENSEMBLE.

Avec ce bon ami, etc.
CAROLINE.
Va donc terminer cette affaire,
Puisqu'il le faut, car il est tard ;
Mais pour revenir, je l'espère,
Tu ne seras pas en retard.
FERDINAND, à part.
Puisque de ces lieux une affaire
Le force à partir sans retard,
Je saurai profiter, j'espère,
Pour moi de cet heureux hasard.

(*Adolphe sort.*)

SCÈNE III.

CAROLINE, FERDINAND. *

FERDINAND.

Ce cher Adolphe... je lui suis redevable d'un grand plaisir; mais, en vérité, je ne puis comprendre qu'il puisse abandonner ainsi une femme jeune et jolie...

CAROLINE, *vivement.*

Comment!... qui vous fait penser, Monsieur, que mon mari m'abandonne?...

FERDINAND.

Il vous quitte si souvent... quand, au contraire, un autre que lui serait toujours auprès de vous...

CAROLINE.

Mais, Monsieur, s'il me quitte souvent, en effet... si je passe parfois des journées entières sans le voir, c'est moi qui l'ai voulu...

FERDINAND, *étonné.*

Quoi, Madame?...

CAROLINE.

Il y a dix-huit mois que nous sommes mariés, et ce bonheur que tant de jeunes filles rêvent sans jamais le trouver, hélas ! je puis dire avec orgueil que je l'ai rencontré, moi !...

FERDINAND, *à part.*

L'agréable confidence !...

CAROLINE.

Adolphe a toujours été un modèle de soins, d'égards, d'attentions...Vous, le compagnon de sa jeunesse, vous savez avec quelle ardeur il se jetait dans les plaisirs... Eh bien! il me sacrifia sans hésiter toutes ses habitudes... il me promit d'éviter toutes les réunions

---
* Ferdinand, Caroline.

dans lesquelles il ne pourrait pas me conduire... de ne plus parier pour des courses de chevaux, de ne plus jouer ce qui me fait peur, et surtout de ne plus fumer, ce que je ne puis souffrir.

FERDINAND, *avec ironie.*

Vraiment?... Voilà qui est tout à fait exemplaire...

CAROLINE.

Mais je craignais pour lui les dangers et les séductions de l'oisiveté... Alors, c'est moi qui l'engageai à utiliser sa vie, à suivre la pente de notre époque, à se jeter dans les affaires...

FERDINAND.

Et il vous a obéi?..

CAROLINE.

Toujours avec la même docilité...

FERDINAND.

C'est très-méritoire sans doute, mais... (*A part.*) Je connais mon Adolphe... il y a quelque chose là-dessous...

CAROLINE.

AIR : *De la Reine de la valse.*

A mes vœux, loin d'être rebelle,
En mari galant et fidèle,
Je l'ai vu, toujours avec zèle,
Souscrire à mes moindres désirs.
Ne dois-je donc pas en silence
M'accoutumer à son absence;
Dans les affaires, s'il se lance,
Comme autrefois dans les plaisirs,
A tort peut-être, à sa tendresse,
J'en avais imposé la loi...
Vous le voyez, s'il me délaisse,
Monsieur, c'est par amour pour moi !

FERDINAND, *l'étudiant.*

Oh! sans doute... mais... ne regrettez-vous pas quelquefois de lui avoir donné ce conseil ?

CAROLINE.

Eh bien! oui... j'en conviens... J'éprouve quelquefois des regrets... surtout depuis qu'Adolphe est mêlé à une très-grande opération qui l'occupe presque exclusivement...

FERDINAND.

Ah!... une très-grande opération!...

CAROLINE.

Toutes les fois que je lui demande de rester avec moi, il m'oppose son affaire Chaumontel.

FERDINAND.

L'affaire Chaumontel... qu'est-ce donc?

CAROLINE.

Sans doute quelque entreprise de mines, de terrains, que sais-je !...

FERDINAND, *à part, cherchant.*

Je n'en ai point entendu parler à la Bourse... et pourtant j'y vais tous les jours...

CAROLINE.

A quoi pensez-vous donc, Monsieur ?

FERDINAND.

Je pense, Madame... (*A part.*) Ma foi, brusquons l'aventure... (*Haut.*) Je pense qu'il ne devrait pas exister de motifs capables d'entraîner un homme véritablement épris loin des attraits les plus séduisants, des charmes les plus divins...

CAROLINE.

Que signifie ?

FERDINAND, *s'animant.*

Et qu'un cœur sensible serait trop heureux...

SCÈNE IV.

LES MÊMES, CORBINEAU.

CORBINEAU, *entr'ouvrant seulement la porte du fond et ne passant que la tête... Il a l'air très-embarrassé.*

M. Adolphe de Cernay, s'il vous plait ?

FERDINAND, *à part.*

Au diable l'importun !..

CAROLINE.

Que désirez-vous, Monsieur ?

CORBINEAU.

Pardon, Madame... si je me présente inopinément... mais n'ayant trouvé personne à l'antichambre...

FERDINAND, *à part.*

Singulière figure !..

CAROLINE.

Donnez-vous le peine d'entrer, Monsieur...

CORBINEAU, *toujours à la porte.*

Pardon... C'est à M. Adolphe de Cernay...

CAROLINE.

Il est sorti pour le moment...

CORBINEAU.

Ah ! c'était pour une affaire très-importante...

CAROLINE, *inquiète.*

Une affaire très-importante ?...

CORBINEAU.

Pardon... je reviendrai... (*Il disparaît.*)

SCÈNE V.

CAROLINE, FERDINAND.*

FERDINAND, *riant.*

Ah! ah! ah!... quel est donc cet original?

CAROLINE.

Je ne sais... je ne le connais pas...

FERDINAND.

Ne vous a-t-il pas fait l'effet d'une apparition?

CAROLINE, *souriant.*

Attendez!... il a parlé d'une affaire importante!.. c'est sans doute un de ces messieurs de la Bourse avec lesquels mon mari est en relation...

FERDINAND.

Au fait... il avait tout l'air d'un de ces spéculateurs mis à sec par les événements.... quelle figure... je lui en garde rancune...

CAROLINE, *souriant.*

Allons... vous êtes trop sévère...

FERDINAND.

Bien moins que je ne le devrais... n'est-il pas venu m'interrompre... au moment où je vous exprimais combien un être réellement sensible serait heureux et fier si l'on daignait agréer ses hommages...

CAROLINE, *étonnée.*

Je ne vous comprends pas...

FERDINAND.

AIR : *Soldat français, etc.*

Puis-je vous croire? il me semble pourtant
Qu'ainsi que vous lorsqu'on est isolée,
   Cela se devine aisément,
   Il est doux d'être consolée.
Et... vous le comprenez, un cœur,
Quand le plus tendre intérêt le dirige,
A droit alors d'aspirer au bonheur
   De pouvoir cultiver la fleur
Qu'un autre imprudemment néglige.

CAROLINE, *troublée.*

En vérité, Monsieur... ce langage...

* Caroline, Ferdinand.

SCÈNE VI.

LES MÊMES, LUCIENNE, puis AMÉLIE. *

LUCIENNE, *entrant.*

Madame !...

FERDINAND, *à part, avec dépit.*

Encore !...

CAROLINE.

Qu'est-ce donc ?...

LUCIENNE.

C'est madame Amélie d'Embrun qui demande à parler à Madame...

CAROLINE.

Faites entrer... (*Lucienne sort.*)

FERDINAND.

Madame d'Embrun !...

CAROLINE.

Ma meilleure amie de pension... Depuis mon mariage, fréquentant peu le monde, je n'avais pas eu occasion de la voir, lorsque hier je la rencontrai dans un magasin, où, toutes les deux nous faisions des emplettes... elle m'avait bien promis de venir...

AMÉLIE, *entrant.* **

Et tu vois que je tiens parole, ma chère Caroline...

CAROLINE, *l'embrassant.*

Oh ! tu es bonne...

FERDINAND.

Mille pardons, Mesdames... je ne voudrais pas gêner, par ma présence, d'aussi doux épanchements... et je me retire... (*Il salue et s'éloigne, disant à part.*) Allons, c'est partie remise... courons à la Bourse m'informer de cette affaire Chaumontel, qui, je ne sais pourquoi, me paraît louche. (*Il sort.*)

SCÈNE VII.

CAROLINE, AMÉLIE.

AMÉLIE.

C'est ton mari ?... Il est fort bien...

CAROLINE.

Non ! un de ses amis... monsieur Ferdinand...

*Amélie, Lucienne, Ferdinand.
** Caroline, Amélie, Ferdinand.

SCÈNE VII.

AMÉLIE.

Ah!...

CAROLINE.

Qui me déplaît même beaucoup... mais Adolphe a la fureur de le laisser toujours avec moi...

AMÉLIE.

Ton mari a tort... Caroline, prends garde à ce monsieur Ferdinand!...

CAROLINE, *d'un air mutin.*

Ah!... il ne me fait pas peur, va!...

AMÉLIE, *l'embrassant.*

Tu es toujours charmante... Sais-tu bien que je t'en veux d'avoir laissé au hasard le soin de nous rapprocher?... Tu ne pensais seulement pas à moi, au plaisir que j'aurais eu à te voir.

CAROLINE.

Je serai franche, mon amie... depuis mon mariage, mon bonheur m'a rarement permis de penser à celui des autres...

AMÉLIE, *lui prenant la main.*

Tu es donc bien heureuse?... Hélas!...

CAROLINE.

Oh! quel soupir!... ne le serais-tu pas, toi?... Voyons... dis-moi bien vite... * (*Elles vont s'asseoir sur le canapé.*)

AMÉLIE.

Je ne fus pas heureuse, en effet, dans mon premier mariage.

CAROLINE.

Tu es veuve?...

AMÉLIE, *souriant.*

Attends-donc... Je n'avais qu'une faible dot, et l'on me fit faire un mariage d'argent... mais je le payai cher. M. d'Embrun, homme d'esprit peut-être, était personnel, impérieux, violent... un véritable tyran domestique...

CAROLINE.

Pauvre Amélie!...

AMÉLIE.

Mes souffrances furent si réelles, que l'un de mes oncles, qui en avait été témoin, me fit jurer, à la mort de M. d'Embrun, de ne pas me remarier, sous peine d'être privée de son héritage... Je sortais d'un véritable enfer... (*Souriant.*) mon oncle était millionnaire... je jurai...

CAROLINE.

Imprudente!...

AMÉLIE.

Oh! oui... car je ne tardai pas à rencontrer dans le monde un homme bien placé, qui demanda ma main.

CAROLINE, *souriant.*

Je devine... tu n'as pu refuser?...

* Amélie, Caroline.

AMÉLIE.

Que veux-tu?... Autant M. d'Embrun était égoïste et dur, autant celui-ci était doux et complaisant... Le contraste me frappa, me séduisit... enfin, que te dirai-je?... j'épousai en secret mon nouveau soupirant, me réservant de ne divulguer ce second mariage qu'après la mort de mon oncle... que je suis fort loin de souhaiter, au moins...

Air :

Mais il a soixante et seize ans,
Il est asthmatique, hydropique,
Et la goutte à chaque printemps,
Le rend presque paralytique.
De plus, il voit tous les matins,,
C'est là sa recette ordinaire,
Pour le moins quatre médecins...

CAROLINE.

Tu seras bientôt héritière.

Et ton mari a-t-il justifié la bonne opinion que tu avais conçue de lui ?

AMÉLIE.

Tout-à-fait... Je ne lui trouve qu'un seul défaut... quoique simple et d'un caractère pacifique, il est très-jaloux... mais c'est encore une preuve d'amour.

CAROLINE. (*Elles se lèvent.*)

Ton mari est excusable... Quand on est vis-à-vis de sa femme dans une position... singulière...

AMÉLIE.

Singulière est le mot... car nous ne demeurons pas ensemble, comme tu le penses bien... Nous nous voyons tous les jours, mais à la dérobée, à l'insu de tout le monde, comme de véritables amoureux de roman...

CAROLINE.

C'est fort piquant...

AMÉLIE.

Mais non pas sans dangers... Me croyant toujours veuve, une foule de jeunes gens me poursuivent, me courtisent...

CAROLINE, *souriant.*

Et cela t'amuse, coquette !...

AMÉLIE.

Il y a surtout un de mes adorateurs qui, par ses airs suffisants et sa témérité, me cause de sérieuses inquiétudes...

CAROLINE.

En vérité ?...

AMÉLIE.

Il me suit partout, au bois, au spectacle, il m'écrit tous les jours; il a osé même me rendre visite... Enfin, hier...

SCÈNE VII.

CAROLINE.

Hier?...

AMÉLIE.

Il a poussé l'impertinence jusqu'à m'inviter à dîner chez lui... rue de Berlin, je crois...

CAROLINE, *riant*.

Ah! ah! ah!...

AMÉLIE.

Je compris alors que je devais à tout prix me délivrer d'un poursuivant aussi audacieux... J'ai donc refusé son invitation... mais je l'ai invité moi-même, en lui écrivant un mot, à venir aujourd'hui dîner chez moi...

CAROLINE.

Tu appelles cela te délivrer de lui?...

AMÉLIE.

Sans doute... puisque tu viendras aussi...

CAROLINE, *étonnée*.

Moi!...

AMÉLIE.

Oh!... avec ton mari...

CAROLINE, *souriant*.

A la bonne heure... je commence à deviner...

AMÉLIE.

C'est là le service que j'attendais de toi... De cette manière, ce monsieur qui croira se trouver à un dîner tête-à-tête, se voyant reçu en cérémonie, comprendra peut-être la leçon que je veux lui donner...

AIR : *de l'Extase.*

Un fat souvent rit de notre faiblesse.
Nous, aujourd'hui, sachons avec adresse
Et sans pitié rire de son malheur ;
Il est si doux de tromper un trompeur.
Quand partout proclamant leurs conquêtes nouvelles,
Ces messieurs n'ont jamais rencontré de cruelles,
Qu'ici, trop prompt à s'enflammer,
Le papillon bientôt vienne brûler ses ailes
Au feu qu'imprudemment il voulait allumer,
A ce feu qu'il voulut vainement allumer.
Oui, puisqu'un fat rit de notre faiblesse,
A notre tour, sachons avec adresse
Et sans pitié rire de son malheur ;
Il est si doux de tromper un trompeur.

D'ailleurs, s'il fait semblant de ne pas comprendre... nous aiderons son intelligence... son amour-propre sera blessé...

CAROLINE.

Et il ne t'importunera plus...

AMÉLIE.

Que dis-tu de mon idée?

CAROLINE.

Charmante... c'est peut-être en effet le seul moyen de te débarrasser complètement et sans bruit...

AMÉLIE.

De ce fâcheux... Ainsi, je puis compter sur toi et ton mari ?...

CAROLINE.

Comme sur ton fâcheux...

AMÉLIE.

Tu es adorable !... J'ai encore quelques courses à faire, je viendrai te prendre à cinq heures avec ma voiture.

CAROLINE.

Nous serons prêts...

AMÉLIE.

AIR : *Valse des Farfadets.*

Adieu donc, à ce soir,
Et je garde l'espoir
Que nous pourrons gaîment
Me venger d'un impertinent.

CAROLINE.

A ton projet, moi je souscris d'avance,
Je me promets de bien me divertir.

AMÉLIE.

Mais c'est ainsi que j'entends la vengeance ;
Je n'aime pas celle qui fait gémir.

ENSEMBLE.

Adieu donc, etc.

CAROLINE.

Adieu donc, à ce soir,
Oui, je garde l'espoir
Que nous pourrons gaîment
Te venger d'un impertinent.

(*Amélie sort.*)

SCÈNE VIII.

CAROLINE, seule.

Cette bonne Amélie !... pourvu qu'Adolphe ne soit pas en retard... S'il allait ne pas revenir de la journée, comme cela lui arrive quelquefois... Mon Dieu ! il avait bien besoin de s'intéresser dans cette maudite affaire Chaumontel, qui le retient toujours loin de moi !... Amélie a peut-être raison... ce M. Ferdinand... ce qu'il me disait tout à l'heure... si j'avais voulu comprendre... mais non... c'est l'ami de mon mari... et puis Adolphe est bien mieux que lui... et rien que l'idée que je pourrais lui faire de la peine, à lui si bon, si fidèle... qui pour moi a renoncé à tous les vilains défauts des jeunes gens d'aujourd'hui, qui ne joue pas, qui ne fume pas... Mais il tarde bien... et je serais si heureuse de venir en aide à cette chère Amélie... Au fait, puisque les femmes sont les plus faibles, ne doivent-elles pas se secourir entre elles ?...

AIR : *Des yeux bleus.*

Puisque, hélas ! le sort
Nous impose à tort
La loi du plus fort ;
Faibles que nous sommes,
D'un triste avenir,
Pour nous garantir,
Ah ! contre les hommes
Il faut nous unir.
Par bonheur, nous avons des armes
Qui souvent savent l'emporter ;
A notre sourire, à nos larmes,
Rarement on peut résister.
Oui, puisque le sort, etc.

SCÈNE IX.

CAROLINE, LUCIENNE, puis ADOLPHE.

LUCIENNE, *un étui de cigare à la main.*

C'est un garçon du Café Anglais, Madame, qui vient d'apporter ceci, que Monsieur a laissé après déjeuner.

CAROLINE, *prenant l'étui.*

Qu'est-ce que c'est ?.. un étui à cigares... Il ne peut appartenir à mon mari.

LUCIENNE.

Dame ! le garçon m'a bien assuré... (*Elle sort.*)

CAROLINE, *regardant l'étui.*

Et pourtant... ce chiffre... A. C... c'est bien le sien... Est-ce que Adolphe ?...

ADOLPHE, *pendant qu'elle réfléchit en retournant l'étui de tous côtés, entrant un billet à la main, et à part sans la voir.*

Bravo !.. mon inhumaine se rend enfin... c'est elle qui m'invite à dîner... charmant !.. Je viens de trouver ce billet à mon petit logement de la rue de Berlin... Oh ! je ne manquerai pas au rendez-vous... (*Apercevant Caroline.*) Ciel !.. ma femme !.. (*Il serre vivement le billet.*)

CAROLINE, *se retournant au bruit, froidement.*

J'ai de graves reproches à vous faire, Monsieur...

ADOLPHE, *avec un rire forcé.*

Quoi donc, chère amie?

CAROLINE.

Me manquer de parole.... me tromper...

ADOLPHE, *à part.*

Ah! mon Dieu!.. est-ce qu'elle se douterait?..

CAROLINE, *lui montrant l'étui à cigares.*

Me direz-vous quel est cet objet?

ADOLPHE.

Hein!.. comment... un étui à cigares!..

CAROLINE.

Oui... oublié au Café Anglais...

ADOLPHE, *à part.*

Étourdi que je suis!.. (*Haut, avec aplomb.*) Tu sais bien que je ne fume plus... que je n'ai pas mis les pieds dans un restaurant depuis...

CAROLINE, *tenant toujours l'étui.*

Cependant, ce sont bien là vos initiales!

ADOLPHE, *regardant.*

Ah!.. c'est particulier... en effet... mais je ne suis pas pas le seul dont le nom commence par un C... Voyons dans mes amis et connaissances...

CAROLINE.

Je ne t'en connais pas, à moins que ce ne soit M. Chaumontel...

ADOLPHE, *vivement.*

Chaumontel... Tiens... au fait... Auguste Chaumontel... c'est ça, je parie que cet étui appartient à ce farceur de Chaumontel... En déjeûnant au Café Anglais, il aura dit qu'il venait chez moi pour affaires... Voilà pourquoi on l'a apporté ici...

CAROLINE.

C'est possible, car ce matin, quelques instants après ton départ, un monsieur est venu te demander...

ADOLPHE.

Hein!.. qui donc? (*A part.*) Diable! est-ce que ce serait un de mes gaillards du déjeûner?

CAROLINE.

C'est sans doute M. Chaumontel...

ADOLPHE.

Chaumontel... oui, oui... ça ne peut être que lui... un homme qui a l'air assez...

AIR : *du Charlatanisme.*

Distingué...

CAROLINE.

Non... assez commun.

ADOLPHE.

Oui : c'est ce que je voulais dire...
Grand...

CAROLINE.
Non, pas trop.
ADOLPHE.
Blond.
CAROLINE.
Non pas, brun !
ADOLPHE, à part.
Allons, contre moi tout conspire !
(Haut.) Portant des lunettes...
CAROLINE.
Comment ?
Du tout...
ADOLPHE.
Si fait !..
(À part.) Autre anicroche !
CAROLINE.
Il ne porte certainement
Pas de lunettes...
ADOLPHE.
Si vraiment,
Il en porte... mais dans sa poche.
Il en a toujours dans sa poche.
CAROLINE.
Alors,...
ADOLPHE, à part.
Je m'embrouille... je ne sais plus ce que je dis... (*Corbineau paraît au fond comme la première fois.*)
CAROLINE, regardant au fond.
Mais, tiens... le voici justement.
ADOLPHE, vivement.
Qui ça ? Chaumontel !.. pas possible !.. (*Regardand aussi au fond et à part.*) Dieu ! mon ami Corbineau !... que peut-il me vouloir ?

SCÈNE X.

LES MÊMES, CORBINEAU. *

CAROLINE, *qui s'est avancée vers lui et lui tendant l'étui.*

Ah ! Monsieur, vous étiez venu trop tôt ce matin. Voilà sans doute ce que vous demandiez ; mais on ne nous l'a rapporté qu'un peu plus tard.

ADOLPHE, à part.
Allons, bien !
CORBINEAU, embarrassé.

Ça !.. un étui à cigares... Non, Madame, ce n'est pas moi... je ne fume jamais.

*Caroline, Corbineau, Adolphe.

CAROLINE.

En ce cas, vous faites sans doute des provisions pour vos amis, car ce chiffre...

CORBINEAU, *regardant.*

Tiens!.. c'est parbleu vrai!.. un A et un C... mon chiffre!

ADOLPHE, *à part.*

Corbineau... et précisément il s'appelle Attila!.. comme ça se trouve!

CAROLINE, *indiquant Adolphe.*

D'ailleurs, mon mari m'a assuré...

ADOLPHE. *

Certainement, c'est à lui... A. C... c'est bien à lui... je le reconnais.. (*S'efforçant de rire.*) Ah! ah! ah! ce cher ami, qui prétend... et il fume vingt cigares par jour. Devant une jolie femme, il voulait dissimuler ses vices... Allons, cafard, soit franc.

CORBINEAU, *étonné.*

Comment?

ADOLPHE, *bas et vivement.*

Dis que c'est à toi, tu me sauves une scène.

CORBINEAU.

Ah!

ADOLPHE, *le poussant.*

Va donc!

CORBINEAU, *à Caroline qui lui tend toujours l'étui.* **

Eh bien! oui... oui, Madame... C'est que... en effet, je ne voulais pas... et certainement...

ADOLPHE.

Voyons... mets-le dans ta poche (*Appuyant*) avec tes lunettes.

CORBINEAU, *d'un air étonné.*

Mes lunettes!.. (*Mettant l'étui dans sa poche.*) Je vous remercie bien, Madame.

ADOLPHE, *lui serrant la main.*

Ce cher ami...

CAROLINE.

Ah! monsieur Chaumontel... puisque enfin j'ai l'avantage de vous voir...

CORBINEAU, *étonné et bas à Adolphe.*

Chaumontel!

ADOLPHE, *bas.*

Tu t'appelles Chaumontel... Auguste Chaumontel...

CORBINEAU, *de même.*

Bah!..

CAROLINE.

Terminez donc au plutôt cette grande affaire qui absorbe tous les instants de mon mari.

* Caroline, Adolphe, Corbineau.
** Caroline, Corbineau, Adolphe.

SCÈNE XI.

ADOLPHE, *bas et très-vite à Corbineau.*

Capital social, cent millions. Extraction des mines d'argent du col de la Mousaïa.

CAROLINE.

Me le promettez-vous?

CORBINEAU.

Madame...

ADOLPHE, *bas.*

Promets donc...

CORBINEAU.

Certainement, Madame, je ferai tous mes efforts pour... (*A part.*) Que le diable t'emporte!*

SCÈNE XI.

LES MÊMES, FERDINAND.

FERDINAND, *entrant vivement.* **

Victoire, mon cher Adolphe, victoire!

ADOLPHE.

Quoi donc?

FERDINAND.

Ma parole d'honneur, on n'est pas plus heureux que vous en paris...

CAROLINE.

En paris?

ADOLPHE.

Que dites-vous?

FERDINAND.

Ne vous souvenez-vous plus que l'autre jour, devant moi, vous avez tenu deux cents louis pour Jenny, la belle jument du prince de Corvo, contre Handicap, au vicomte de Blangy?

ADOLPHE.

Eh bien?

FERDINAND.

La course vient d'avoir lieu, et Jenny a gagné d'une demi-tête...

ADOLPHE, *avec joie.*

Gagné!

CAROLINE, *avec reproche.* ***

Ah! mon ami... c'est bien mal, vous qui m'aviez promis...

* Caroline, Adolphe, Corbineau.
** Caroline, Ferdinand, Adolphe, Corbineau.
*** Ferdinand, Caroline, Adolphe, Corbineau.

ADOLPHE, *frappant sur le ventre de Corbineau.*
Ce gaillard de Chaumontel, a-t-il du bonheur!
CORBINEAU, *reculant et à part.*
Alors! qu'est-ce que c'est encore?
FERDINAND.
Chaumontel!.. quoi, c'est monsieur?
ADOLPHE.
Eh! oui... c'est lui... c'est ce farceur de Chaumontel qui a gagné...
Il m'avait chargé de parier pour son compte...
CORBINEAU, *à part.*
Je n'y comprends rien... je ne sais où j'en suis...
FERDINAND, *qui le regarde et à part.*
Je n'ai jamais vu cette figure-là à la Bourse...
ADOLPHE.
Deux cents louis!... Hein! quel bonheur il a ce Chaumontel!...
(*Il fait des signes à Corbineau.*)

AIR : *De sommeiller.*

Deux cents louis! la bonne aubaine!
Ce cher ami, d'un pareil gain, je croi,
Il se trouve très-fort en peine
De savoir quel sera l'emploi...
CORBINEAU.
Non! car il a reçu d'avance
Sa destination. (*A part.*) Hélas!
C'est de l'argent que... je le pense,
Je ne toucherai même pas.

FERDINAND, *à Caroline, bas.*
Madame!... on vous trompe!...
CAROLINE, *avec dédain.*
Monsieur!... (*A part.*) En effet, cet embarras...
CORBINEAU, *bas à Adolphe.*
Explique-moi du moins...
ADOLPHE, *de même.*
Tais-toi!..
CAROLINE, *à part.*
Voyons, enfin.... (*Haut.*) Adolphe, l'une de mes meilleures amies de pension est venue m'inviter à dîner... et j'ai accepté pour toi et pour moi...
ADOLPHE.
Aujourd'hui!... impossible, ma bonne amie... n'est-ce pas, Chaumontel?...
CORBINEAU.
Oui, oui...
ADOLPHE, *à part.*
Et ma jolie veuve qui m'attend...

SCÈNE XI.

FERDINAND, *à part.*

Décidément, il y a là-dessous un mystère qu'il faut que je découvre...

CAROLINE.

Comment?... moi, qui me faisais une fête...

ADOLPHE.

Ah!... j'en suis désolé... mais impossible... demande plutôt à Chaumontel... notre rendez-vous manqué ce matin, qui est remis à six heures... et c'est trop important pour que nous puissions nous en dispenser, n'est-ce pas, Chaumontel?...

CORBINEAU.

Oui... oui... certainement... (*A part.*) Quel métier il me fait faire!...

FERDINAND, *bas à Caroline.*

Vous voyez...

CAROLINE, *piquée.*

Allons!... j'irai seule à ce dîner, Monsieur... Aussi bien, il faut, je le vois, que je m'accoutume à me passer de vous...

ADOLPHE.

Chère amie, tu as tort de prendre la chose ainsi... demande plutôt à... (*Il indique Corbineau en lui faisant toujours des signes.*)

CORBINEAU.

Certainement...

CAROLINE, *d'un air piqué.*

Oh! mon Dieu!... je me consolerai facilement en songeant que vous êtes tout entier à une grande affaire... et je vais faire ma toilette... je vais me faire jolie... cela me distraira...

FERDINAND, *à part.*

Et moi prendre des renseignements sur ce monsieur... pour revenir ensuite profiter de la situation.

ENSEMBLE.

AIR : *De l'Ange du bonheur.*

ADOLPHE, *à sa femme.*

Allons, pas de colère
Pour moi dans tes beaux yeux ;
Tu comprendras, j'espère,
Que je fais pour le mieux !

FERDINAND, *à part.*

Vraiment, la chance est opportune !...

CORBINEAU, *de même.*

Pour moi, quel fâcheux embarras !...

ADOLPHE, *à Caroline.*

Allons, voyons, point de rancune...

CAROLINE.

Qui, moi?... Monsieur, je n'en ai pas.

ENSEMBLE.

CAROLINE.

Ce n'est pas la colère
Qui brille dans mes yeux ;
Et comme vous, j'espère,
J'agirai pour le mieux.

ADOLPHE.

Allons point de colère, etc.

CORBINEAU et FERDINAND, à part.
Une espèce de guerre
Va commencer pour eux ;
Mais le débat, j'espère,
Finira pour le mieux.

(*Caroline sort par le côté; Ferdinand par le fond.*)

SCÈNE XII.

ADOLPHE, CORBINEAU. *

CORBINEAU, *se croisant les bras.*

Ah! ça... m'expliqueras-tu enfin l'épouvantable rôle que tu viens de me faire jouer?...

ADOLPHE, *gaîment.*

Mon cher ami! tu es le monstre du drame de la Porte-Saint-Martin, et je suis le magicien...

CORBINEAU, *ébahi.*

Je suis le monstre...

ADOLPHE.

Ou plutôt tu es la statue et je suis Pygmalion... Non, au fait, ça ne se peut pas encore, vu le sexe...

CORBINEAU.

Voyons, Adolphe... trêve de plaisanteries... Pourquoi m'appeler?... je ne sais plus comment... ça n'a pas de nom...

ADOLPHE.

Est-il naïf! Tu ne devines pas que j'avais créé une affaire... une affaire grandiose, immense, gigantesque... mais qu'à cette affaire il manquait un chef, un corps, une âme... et que ce chef, ce corps, cette âme, je les ai trouvés en toi..

CORBINEAU.

Quoi! ce Chaumontel?...

ADOLPHE.

Un être idéal, mon cher... un être fantastique, fruit de mon imagination... Tu comprends combien c'est commode en ménage... parce que... bien qu'on ait pour sa femme tous les égards, toutes les attentions, toute la tendresse qu'on lui doit... il existe une foule de petites choses... dont il serait embarrassant et même imprudent de

* Corbineau, Adolphe.

lui rendre compte... Et alors tu conçois... si elle vient vous dire... (*Imitant la voix de femme.*) Tu sors, mon ami?... (*Reprenant sa voix naturelle.*) Oui, ma bonne, je viens d'entreprendre une grande affaire avec un de mes camarades de collége, nommé Chaumontel... un très-gros capitaliste ; il faut que je le voie ce soir... Un autre jour, on a une partie à faire : Chère amie, je passe la journée à une réunion de nos actionnaires... Ainsi de suite, selon les besoins du moment... Une affaire Chaumontel est inépuisable!...

AIR : *Notre-Dame du Mont-Carmel.*

Par ce moyen la confiance
Est toujours la même entr'époux,
Et d'une femme l'innocence
Ne peut former aucun soupçon jaloux.
Car elle ignore, en ses amours sincères,
Que son mari, s'il se livre à loisir
Avec autant de plaisir aux affaires,
C'est aux affaires de plaisir.

CORBINEAU.

Scélérat!...

ADOLPHE.

Tiens !... aujourd'hui même... tu l'as entendu... elle va encore me servir... Grâce à ce moyen ingénieux, je dînerai en tête-à-tête avec une veuve ravissante dont j'ai fait la conquête...

CORBINEAU.

C'est inouï !... Comment, toi qui as une si jolie femme, tu lui fais des traits pareils ?...

ADOLPHE, *riant.*

Ah! ça, d'où viens-tu?... j'aime ma femme de tout mon cœur... mais ça n'empêche pas d'en aimer d'autres... autrement...

CORBINEAU.

Et si ta femme qui, je le crois, aime aussi son mari de toute son âme, en aimait d'autres... autrement...

ADOLPHE.

Allons donc !...

CORBINEAU.

Dame! ça s'est vu... Voilà deux fois que je trouve ici... ce jeune homme.

ADOLPHE.

Qui ? Ferdinand de Grignol... un ami...

CORBINEAU.

C'est toujours de ce côté-là que ça arrive... A ta place, je ne serais pas tranquille...

ADOLPHE.

Bah!... (*A part,*) Eh! eh !... pourtant... (*Haut.*) Non,.. c'est impossible... Mais toi, qui fais le moraliste, je suis bien sûr que tu auras aussi quelque jour ta petite affaire Chaumontel...

CORBINEAU.

Il serait temps d'y songer alors... car depuis près de six mois...

ADOLPHE.

Qu'entends-je !... Au fait, la dernière fois que je t'ai rencontré, au moment de mon départ pour l'Italie... je m'en souviens... tu m'as dit que tu allais te marier...

CORBINEAU, *avec soupir.*

Je le suis, mon ami !...

ADOLPHE.

Tu es marié !...

CORBINEAU.

De plus... très-jaloux, par malheur...

AIR :

Et si ma jalousie éclate,
Elle ira jusqu'à la fureur ;
Cependant, mon cher, je me flatte
D'être un agneau pour la douceur.
Mais le moindre soupçon m'enflamme,
Et, phénomène singulier !
Quand je vois courtiser ma femme,
L'agneau se transforme en bélier.

ADOLPHE, *riant.*

Ah ! ah ! ah !... ce pauvre Attila !

CORBINEAU.

Ris ! ris... ça pourra bien te gagner aussi..

ADOLPHE, *à part.*

Hum !... pourvu qu'il n'ait pas raison...

CORBINEAU.

Oui, je l'avoue, je suis jaloux comme un Othello, comme un chacal... je suis l'Othello des chacals !...

ADOLPHE.

Mais as-tu des motifs, au moins ?...

CORBINEAU, *avec mystère.*

C'est justement à ce sujet que je viens te consulter...

ADOLPHE.

Ah ! diable ! ..*

CORBINEAU.

Tu n'as pas oublié, cher ami, que lorsque je t'annonçai mon prochain hyménée, tu me dis : Attila !... je connais les femmes... Si tu as jamais quelques tracas en ménage, viens me trouver... je te donnerai des conseils...

* Adolphe, Corbineau

SCÈNE XII.

ADOLPHE.

Eh bien ?...

CORBINEAU.

Eh bien !... j'ai des tracas, mon cher, et je viens... j'ai même plus que des tracas...

ADOLPHE.

Oh ! oh !...

CORBINEAU.

On m'a rapporté... car, pour des raisons qu'il me serait trop long de t'expliquer, je ne suis pas toujours auprès de ma femme...

ADOLPHE, *riant*.

Bien !... Tu as aussi des affaires Chaumontel, je m'en doutais...

CORBINEAU.

Non... c'est un secret que tu sauras plus tard... On m'a donc rapporté que, depuis quelque temps, un jeune homme suit madame Corbineau partout... lui fait une cour très-empressée... Qu'en dis-tu ?...

ADOLPHE.

Je dis que dans la carrière conjugale ça se voit tous les jours... Mais je comprends... tu as recours à mon expérience... tu veux que j'observe la marche de cette passion, que j'en étudie les symptômes, que je t'en signale les progrès, enfin que je t'avertisse du moment où un mari doit éclater comme une véritable machine à vapeur...

CORBINEAU.

Très-bien... j'éclate déjà !

ADOLPHE.

Mais, pour que je puisse pénétrer dans l'intrigue, il faut que je connaisse les personnages... Il faut d'abord me présenter à ta femme...

CORBINEAU.

Je venais te le proposer...

ADOLPHE.

Je suis à ta disposition... quand tu voudras...

CORBINEAU.

Aujourd'hui... tout à l'heure...

ADOLPHE.

Convenu !... J'ai rendez-vous à six heures avec ma conquête... il n'en est que quatre...

CORBINEAU.

Eh bien ! allons...

ADOLPHE, *riant*.

Un instant seulement pour embrasser ma femme et lui faire entendre raison... Lorsque je sors brouillé avec elle, j'ai comme un poids sur l'estomac, qui m'empêche d'être aimable... ailleurs...

CORBINEAU.

Farceur!...

ADOLPHE.

Va m'attendre aux Tuileries...

CORBINEAU.

Aux Tuileries?...

ADOLPHE.

Oui, devant le pavillon de l'Horloge... C'est aussi un service que je te demande.

CORBINEAU.

Comment?...

AIR : *De partie et revanche.*

ADOLPHE.

Avec raison, de toi je le réclame,
Car, si, par malheur, de l'hôtel
J'étais aperçu par ma femme
M'éloignant avec Chamontel...

CORBINEAU.

Mais je ne suis pas Chaumontel...

ADOLPHE.

Oh! n'importe... la chose est sûre,
Si je sortais avec toi, j'en ai peur,
Rien que l'aspect de ta figure
Doublerait sa mauvaise humeur.

Ah! ah! ah!...

CORBINEAU.

Eh bien! par exemple....

ADOLPHE.

Va vite... Dans un instant je te rejoins...

(*Il sort par la gauche.*)

SCÈNE XIII.

CORBINEAU, puis AMÉLIE.*

CORBINEAU.

Ma figure!... il me semble que mon physique n'a rien d'agaçant... Mais voyons... devant le pavillon de l'Horloge... Allons... (*Il se dirige vers le fond.*)

*Corbineau, Amélie.

SCÈNE XIII.

AMÉLIE, *entrant et surprise de le voir.*

M. Corbineau!...

CORBINEAU.

Ma femme!... ici!...

AMÉLIE.

Oui, chez une amie de pension que j'ai miraculeusement retrouvée il y a quelques jours... mais vous?...

CORBINEAU, *embarrassé.*

Moi... c'est... c'est une affaire... A propos, chère amie, je désirerais bien vous présenter un de mes amis intimes...

AMÉLIE.

Eh bien!... dans une demi-heure, je serai rentrée et charmée de vous recevoir...

CORBINEAU...

Merci... Je vais aller rejoindre mon ami qui m'attend...

AMÉLIE, *à elle-même.*

Oui... devant lui... la mystification sera plus complète... (*Elle sourit.*)

CORBINEAU.

Vous riez, chère amie?...

AMÉLIE.

Et vous rirez aussi, je l'espère... Allez donc, je vous attends dans une demi-heure...

AIR : *De la Tour d'Ugolin.*

Avec votre ami,
Chez moi, cher mari,
J'aurai grand plaisir
A vous voir venir.

ENSEMBLE.

CORBINEAU.

Oui, pour mon ami,
Et pour moi, merci
D'ainsi consentir
A notre désir.

AMÉLIE.

Avec votre mari, etc., etc.

(*Pendant l'ensemble, Corbineau baise la main de sa femme et sort par le fond sans voir Caroline qui vient d'entrer et l'a aperçu tenant encore la main d'Amélie.*)

SCÈNE XIV.

AMÉLIE, CAROLINE.*

CAROLINE, *s'approchant vivement d'Amélie dès que Corbineau est sorti, et d'un air étonné.*

Est-ce que tu connais ce monsieur-là?

AMÉLIE, *souriant.*

Si je le connais?... c'est mon mari!...

CAROLINE, *stupéfaite.*

Ton mari!...

AMÉLIE.

Sans doute!... pourquoi cette surprise?...

CAROLINE.

Celui dont tu me faisais un éloge si pompeux?...

AMÉLIE, *souriant.*

Est-ce que je puis en avoir plusieurs?...

CAROLINE, *lui prenant la main, et d'un ton pénétré.*

Ah! ma pauvre Amélie... que les hommes sont hypocrites!

AMÉLIE, *étonnée.*

Que signifie?

CAROLINE.

Cela signifie que tu es indignement trompée...

AMÉLIE.

Moi!

CAROLINE, *s'animant.*

Ton mari est un mauvais sujet, qui fait des déjeûners de garçon, qui joue...

AMÉLIE, *riant.*

Ah! ah! ah!

CAROLINE.

Cela te fait rire?

AMÉLIE.

Un mauvais sujet, lui! lui, si sage, si rangé... une véritable demoiselle...

CAROLINE.

Jolie demoiselle, qui fume vingt cigares par jour...

* Amélie, Caroline.

SCÈNE XIV.

AMÉLIE, *étonnée*.

La fumée de tabac lui donne la migraine...

CAROLINE.

Qui parie deux cents louis sur une course de chevaux.

AMÉLIE.

Il a le jeu en horreur, et n'a jamais risqué cinq francs, même à l'écarté...

CAROLINE, *piquée*.

Nieras-tu aussi que ses nombreuses affaires ne le tiennent continuellement éloigné de toi ?...

AMÉLIE.

Il n'a jamais fait une affaire de sa vie, et... sans les raisons que je t'ai dites ce matin, il serait constamment à mes côtés...

CAROLINE, *frappée, et à elle-même*.

Pourtant... ce que j'ai entendu tout à l'heure...

AMÉLIE.

Quel peut être le mot de cette énigme ?... attends donc...

AIR : *Les Anguilles, etc.*

Peut-être des torts du coupable,
L'innocent porte le fardeau ?
Cela me rappelle une fable;
Celle du loup et de l'agneau.
Et l'énigme que je déplore
S'explique un peu ; car entre nous,
Le loup, quel est-il ?... je l'ignore..,
Mais l'agneau, c'est mon pauvre époux.

CAROLINE, *à part, très-agitée*.

Quels affreux soupçons viennent me troubler! Oh! il faut que je les éclaircisse ! (*On entend du bruit au dehors.*) M. Ferdinand...

AMÉLIE.

Le jeune homme de ce matin ?

CAROLINE, *vivement*.

Oui !... (*A part.*) Il m'a dit : On vous trompe... Il me donnera quelques lumières peut-être... (*A Amélie avec trouble.*) Va m'attendre dans mon boudoir...

AMÉLIE.

Comment? tu veux rester seule avec lui...

CAROLINE, *souriant avec contrainte*

Oh ! je ne le crains pas !... va, va. (*Elle la pousse dans la chambre à gauche et ferme vivement la porte.*) Oh!... je ne sais ce que je vais apprendre... mais s'il est vrai qu'Adolphe...

SCÈNE XV.

CAROLINE, FERDINAND.*

FERDINAND, *arrivant essoufflé.*

Je suis assez heureux pour vous trouver seule, Madame...

CAROLINE, *toujours très-agitée.*

Oui... oui... Monsieur... mais... je ne m'attendais pas... au plaisir de vous revoir sitôt...

FERDINAND.

Ah! belle Caroline, c'est que je tenais à vous prouver sans retard que mes suppositions n'étaient pas chimériques...

CAROLINE.

Eh bien!... mais parlez... parlez donc, Monsieur?...

FERDINAND.

Eh bien?... J'arrive de la Bourse... j'ai questionné nos plus gros banquiers... je me suis informé à tout le monde... personne n'a jamais entendu parler de cette importante affaire...

CAROLINE.

Grand Dieu!...

FERDINAND.

La scène a été agréablement filée tantôt par votre mari et ce monsieur qui lui donnait si complaisamment la réplique...

CAROLINE.

Est-il bien possible!...

FERDINAND.

Et dans un but sans doute que je devine... mais qu'il serait trop cruel de vous révéler...

CAROLINE.

Infamie!... quelle horreur!...

FERDINAND.

Se jouer ainsi de la tendre affection d'une femme à qui l'on a juré un amour éternel... trahir les serments les plus saints!

CAROLINE, *vivement.*

La preuve, Monsieur, la preuve...

---

* Ferdinand, Caroline.

FERDINAND.

Nous la trouverons, belle Caroline... car dans mon indignation, dès aujourd'hui je fais cause commune avec vous... dès aujourd'hui je partage votre offense, et si vous daigniez m'accepter pour vengeur...

CAROLINE, *préoccupée et presque sans l'écouter, dans le plus grand trouble.*

Oh! oui... je me vengerai...

FERDINAND.

Je jure, à vos pieds, que jamais mon amour...

SCÈNE XVI.

LES MÊMES, ADOLPHE.

ADOLPHE, *entrant brusquement et à part en s'arrêtant au fond.*

Je me doutais qu'il venait ici...

FERDINAND, *toujours à genoux.*

Vous vous taisez, cruelle!

ADOLPHE.

Sauvons au moins le ridicule de la position... (*Il sort et tousse fortement en dehors.*)

CAROLINE, *comme sortant de sa rêverie, le voyant à genoux.*

Relevez-vous!...

FERDINAND, *à part, se levant.**

Malédiction!...

ADOLPHE, *à part, en entrant.*

On m'a entendu... très-bien!...

CAROLINE, *le voyant et avec ironie.*

Quoi!... c'est vous, mon ami?... Je ne vous attendais pas...

ADOLPHE, *à part.*

Je m'en suis aperçu, parbleu!... (*Haut et légèrement.*) Oui, ma chère Caroline.. une réflexion... le désir de passer la soirée avec vous chez cette excellente amie de pension...

CAROLINE, *étonnée.*

Comment?

FERDINAND, *à part.*

Diable!...

* Ferdinand, Adolphe, Caroline,

ADOLPHE, *à part.*

Allons... Corbineau avait raison...

CAROLINE.

Mais votre rendez-vous de ce soir... cette réunion... indispensable !...

ADOLPHE.

Elle ne l'est plus !... et d'ailleurs je renonce aux affaires pour rester toujours auprès de vous, tendre amie...

FERDINAND, *à part.*

Voilà du nouveau !...

CAROLINE, *ironiquement.*

Ainsi... ces grands projets... et... ce monsieur Chaumontel ?...

ADOLPHE.

Défunt !... Tout est fini !...

FERDINAND, *à part.*

Hein ?...

CAROLINE, *avec effroi.*

Mort.

ADOLPHE, *à part.*

Quelle idée !... Comme ça, je m'en défais tout d'un coup.

FERDINAND, *de même.*

C'est très-adroit !...

ADOLPHE, *d'un air triste.*

Que voulez-vous, chère amie ?... ainsi va le monde.

CAROLINE.

O Ciel !... j'y pense !... (*Allant à la porte de gauche et appelant.*) Amélie ! Amélie !...

ADOLPHE, *étonné.*

Qu'est-ce donc ?...

CAROLINE, *hors d'elle.*

Comment lui apprendre...

SCÈNE XVII.

LES MÊMES, AMÉLIE.

AMÉLIE, *entrant vivement.*

Que me veux-tu ?...

ADOLPHE, *à part, se retirant un peu à l'écart.*

Dieu !... ma conquête !... ici !... comment se fait-il ?...

SCÈNE XVIII.

LES MÊMES, CORBINEAU, *à la porte, en entrant.**

CORBINEAU, *à Adolphe, qui se tient toujours un peu au fond.*
Quoi ! tu es encore ici ?...
AMÉLIE, *se retournant.*
Monsieur Corbineau !...
CAROLINE.
C'est vous, Monsieur... Vous n'êtes donc pas mort ?
CORBINEAU.
Mort !
AMÉLIE.
Mon mari !...
ADOLPHE, *à part.*
Son mari...
CORBINEAU.
Qui donc s'est permis de m'immoler ainsi... sans me prévenir...
CAROLINE.
Mais... c'est... c'est mon mari que voilà...
AMÉLIE, *à part.*
Lui !... le fat qui me poursuivait !...
ADOLPHE, *à part, s'approchant.*
La position devient épineuse...
CORBINEAU, *riant.*
Ah ! ça... ce n'est pas assez de m'avoir fait attendre une heure aux Tuileries, il faut encore que tu me tues...
CAROLINE, *à Adolphe.*
Que nous disais-tu donc ?
FERDINAND, *à part.*
Comment va-t-il se tirer de là ?...
ADOLPHE, *embarrassé.*
Moi !... j'ai dit... dame !... j'ai dit : Chaumontel est mort...
CORBINEAU, *à part.* **
Ah ! bon !...

* Ferdinand, Adolphe, Corbineau, Caroline, Amélie.
** Adolphe, Corbineau, Ferdinand, Caroline, Amélie.

ADOLPHE.

C'est une figure de rhétorique... une métonymie, comme nous disions au collège... la partie pour le tout... c'est comme si j'avais dit : L'affaire Chaumontel, finie, manquée...

CORBINEAU, *avec importance.*

Enfoncée ! il n'en sera plus question.

AMÉLIE, *avec finesse.*

Je comprends...

FERDINAND, *à part.*

Et moi aussi...

CAROLINE, *à Amélie.*

Ton mari s'appelle donc en effet Chaumontel !.. il me semble que tu viens de le nommer autrement...

CORBINEAU.

Moi... je...

FERDINAND, *vivement.*

Corbineau, je crois...

AMÉLIE, *l'interrompant.*

Oui... oui... il se nomme Corbineau... Corbineau de Chaumontel... (*Regardant Adolphe avec intention.*) Mais très-peu de personnes le connaissent sous ce dernier nom...

CORBINEAU.

Excessivement peu...

ADOLPHE, *à part.*

Allons... on me ménage... mais je m'en souviendrai...

CAROLINE, *à Ferdinand.*

Vous voyez bien que monsieur Chaumontel existe...

FERDINAND.

Certainement, je... (*A part.*) Décidément, c'est encore pour moi une charade...

AMÉLIE, *à Caroline.*

Ton mari nous fera-t-il le plaisir de venir dîner avec nous ?..

ADOLPHE, *saluant.*

Madame !.. (*A part.*) Au fait, j'étais invité particulièrement.

CAROLINE, *à Amélie.*

Ce pauvre jeune homme !.. quelle leçon il va recevoir devant tant de monde !..

ADOLPHE, *à part.*

Aïe !..

* Corbineau, Amélie, Ferdinand, Caroline, Adolphe.

SCÈNE XVIII.

CORBINEAU.

Un jeune homme?..

AMÉLIE.

Nous ne l'aurons pas...

CAROLINE.

Quoi?..

AIR : *d'Yelva.*

AMÉLIE, *avec intention, regardant Adolphe, à la dérobée.*

    Il vient de me faire connaître
      Que son cœur s'ouvre au repentir,
    Et qu'à mes yeux il ne veut plus paraître
    Tel que, du moins, d'abord il vint s'offrir.
    Il me promet, et je l'ai lu dans son âme,
      Que désormais, regrettant son erreur,
    Il quittera le monde pour sa femme
      Et le plaisir pour le bonheur.

CAROLINE.

Comment?.. il est marié... ah ! c'est affreux!.. n'est-ce pas, Adolphe?...

ADOLPHE.

Oui, oui ! c'est très-bien... non... je veux dire... c'est très-mal... mais puisqu'il se repent... et, en pareil cas, un mari ne saurait trop faire pour plaire à sa femme... c'est mon opinion... la preuve...

CAROLINE, *un peu étonnée*.

La preuve?..

ADOLPHE.

Tu désirais depuis longtemps faire un voyage?..

CAROLINE.

Oh ! oui !..

ADOLPHE.

Ferdinand ! ne m'avez-vous pas dit que vous alliez en Angleterre?..

FERDINAND, *vivement, et avec un mouvement de joie.*

En Angleterre?.. oui..., une affaire indispensable...

ADOLPHE.

Eh bien ! ma bonne Caroline, faisons nos adieux à ce cher ami... nous partons demain pour la Suisse.

CAROLINE.

La Suisse !.. quel bonheur !.. (*Elle embrasse son mari.*)

FERDINAND, *à part.*

Je suis battu...

CAROLINE, *à Corbineau.*

Mais, monsieur Chaumontel, à notre retour, vous me promettez bien de ne plus proposer à Adolphe de nouvelles entreprises ?...

AMÉLIE, *souriant.*

Sois tranquille...

CORBINEAU.*

Oui, Madame... je m'y engage... d'autant plus qu'aujourd'hui les affaires ne sont pas brillantes et je m'en retire complètement. (*Bas à Adolphe.*) Surtout des affaires Chaumontel...

ADOLPHE, *de même.*

Cependant, presque tous les maris en ont une...

CORBINEAU.

C'est donc pour cela que presque tous les maris... Reprends donc ton étui à cigares !.. (*Il le passe par derrière.*)

CHŒUR FINAL.

AIR : *Gentille Moscovite.*

Des époux l'inconstance
Fit souvent le malheur.
Amour et confiance,
Ramènent le bonheur.

AIR : *J'en guette un petit.*

CAROLINE, *au public.*

Vous le voyez, quand ils trompent leurs femmes,
Certain danger menace les époux.
Ah ! chaque soir amenez-nous, Mesdames,
Vos chers maris; ils apprendront chez nous,
Que toujours vous aimer, vous plaire,

* Amélie, Corbineau, Adolphe, Caroline, Ferdinand.

SCÈNE XVIII.

Prévenir vos moindres désirs,
Doivent être leurs seuls plaisirs,
Et surtout leur unique affaire,
Et leur plus importante affaire.

REPRISE DU CHŒUR.

FIN.

Poissy. — Imp. G. OLIVIER.

www.ingramcontent.com/pod-product-compliance
Lightning Source LLC
Chambersburg PA
CBHW060501050426
42451CB00009B/767